SUR GRIN VOS CONNAISSANCES
SE FONT PAYER

- Nous publions vos devoirs
  et votre thèse de bachelor et master

- Votre propre eBook et livre –
  dans tous les magasins principaux du monde

- Gagnez sur chaque vente

Téléchargez maintentant sur www.GRIN.com
et publiez gratuitement

Bibliographic information published by the German National Library:

The German National Library lists this publication in the National Bibliography;
detailed bibliographic data are available on the Internet at http://dnb.dnb.de .

image de couverture: pixabay.com

Imprint:

Copyright © 2010 GRIN Verlag, Open Publishing GmbH
Print and binding: Books on Demand GmbH, Norderstedt Germany
ISBN: 978-3-656-60436-5

This book at GRIN:

http://www.grin.com/fr/e-book/269322/le-livre-le-petit-bijou-de-patrick-modiano-
une-analyse

Lena Widmann

Le livre "Le petit bijou" de Patrick Modiano. Une analyse

GRIN Publishing

GRIN - Your knowledge has value

Since its foundation in 1998, GRIN has specialized in publishing academic texts by students, college teachers and other academics as e-book and printed book. The website www.grin.com is an ideal platform for presenting term papers, final papers, scientific essays, dissertations and specialist books.

Visit us on the internet:

http://www.grin.com/

http://www.facebook.com/grincom

http://www.twitter.com/grin_com

Le petit bijou de Patrick Modiano

Inhaltsverzeichnis

« "Quand j'avais sept ans, on m'appelait la Petite Bijou."
Il a souri. Il trouvait certainement cela charmant et tendre pour une petite fille. Lui aussi, j'en étais sûre, sa maman lui avait donné un surnom qu'elle lui murmurait à l'oreille, le soir, avant de l'embrasser. Patoche. Pinky. Poulou.
"Ce n'est pas ce que vous croyez, lui ai-je dit. Moi, c'était mon nom d'artiste." »
(extrait de couverture).

1. Résumé

Dans le livre « Petite Bijou » il s´agit d´une jeune femme d´environ 20 ans, Thérèse, qui est à la recherche de sa mère, ses origines et sa identité.
Quand Thérèse était petite sa mère l´appellait « Petite Bijou ».

L´histoire commence à la station du metro à Paris. Là, elle croise par hasard une femme qui la rappelle a sa mère qui est mort depuis quelques années.

Thérèse est fascinée par cette femme au manteau jaune, la ressemblance de ce visage avec celui de sa mère était frappante et elle décide de la suivre. Pendant ce voyage elle se ramène en arrière et commence à se souvenir de sa mère et son enfance…

Un jour, « la petite bijou » devait quitter sa mère, parce qu´elle l´a envoyait chez une copine à la campagne. La mère, une ancienne danseuse, allait à Marokko et depuis ce jour la elles n´ont pas se revues. Quelques années après on disait que la mère est mort.

Donc, un jour elle croise une femme qui ressemble a sa mère et elle la suit sans parler avec elle. Therese essaye de decouvir tout sur cette femme parce qu´elle est sure, que c´est sa mere. Elle la suit dans un bar, elle la suit meme a sa maison, mais elle l´observe seulement sans rien parler. Therese a peur et elle crains que sa mere ne la connaît plus. Elle n´ose pas de venir chez elle et la raconter tout, meme si c´est son plus grand souhaite de sa vie. Elle pense que sa mere, si c´était elle, ferait semblant de ne pas comprendre ou elle mentirait. Donc, elle laisse tomber tout l´histoire.

Le prochain jour Therese va dans le meme café comme hier soir, mais sa mere n´est pas là. 5 semaines après elles se retrouvent par hasard dans le metro. Therese est heureuse et elle decide de la suivre encore une fois. Sa mere va chez sa maison, mais Therese reste en dehors et frappe a la porte d´une dame. Elle la disait qu´elle cherche la femme au manteau jaune et la dame dit qu´elle habite dans cette maison et qu´elle s´appelle Mme Boré. Boré, cela ressemblait au nom de l´homme dont elle a pensé qu´il était son oncle, Jean Borand. Ca mere appellait Olga Chauvière.

Bouleversée par cette rencontre, elle se met à la suivre, sans l'aborder, et évoque son enfance avec sa mère qu'elle a peu connue et qui l'avait confiée à une institution lorsqu'elle avait une dizaine d'années. La Petite Bijou dès lors va pister cette «mère» au travers de divers indices. Les épisodes douloureux de son enfance continuent de perturber la jeune femme qui ne réussit pas à vivre sa vie, en étant en perpétuelle quête d'explications sur cet abandon et à la recherche de ses origines familiales. Dans un Paris froid et hostile, plusieurs personnages croiseront la déserrance et la recherche d'identité de Thérèse, qui après une ultime rencontre et tentative de suicide, renaîtra à la vie. (cf. Mondiano, 2001)

2. Thèmes abordés

La littérature modianienne est d'abord construite à partir de deux thèmes majeurs : la quête de l'identité (la sienne et celle de son entourage), ainsi que l'impuissance à comprendre les désordres, les mouvements de la société. Ce qui produit un phénomène où le narrateur se trouve presque toujours en observateur, subissant et essayant de trouver un sens aux nombreux événements qui se montent devant lui, relevant des détails, des indices, qui pourraient éclaircir et constituer une identité.

Autre obsession modianienne, la période de l'occupation allemande. Né en 1945, il ne l'a évidemment pas connue, mais il s'y réfère sans cesse à travers le désir de cerner la vie de ses parents durant cette période au point de se l'approprier et d'y plonger certains de ses personnages. (cf. Mondiano, 2001)

3. La question du père

Le thème du père et de la paternité est central chez Patrick Modiano. D'abord parce qu'il constitue l'épicentre de tout un réseau de thèmes secondaires variables (l'absence, la trahison, l'hérédité...), mais aussi parce qu'il s'agit d'un élément d'autofiction déterminant l'ensemble de son univers romanesque. Ce thème est ainsi majoritairement présent comme toile de fond des récits de Patrick Modiano, et plus directement dans le récit autobiographique. (cf. Handke, 2003)

4. Les sources

Modiano Patrick, 2001, La Petite Bijou, Gallimard, Paris.

Handke Peter, 2003, Die Kleine Bijou, Übersetzung. Hanser, München.

SUR GRIN VOS CONNAISSANCES SE FONT PAYER

- Nous publions vos devoirs
  et votre thèse de bachelor et master

- Votre propre eBook et livre –
  dans tous les magasins principaux du monde

- Gagnez sur chaque vente

Téléchargez maintentant sur www.GRIN.com
et publiez gratuitement